بسم اللہ الرحمٰن الرحیم

میں نیک ہوں کہ بد ہوں، مجھے کچھ خبر نہیں
تخلیق ہوں کسی کی، مصوّرؔ نہیں ہوں میں

محبوب

کلام: ڈاکٹر سیّد مدثر علی زیدی مصوّرؔ

محبوب

اس کتاب کے جملہ حقوق بحقِ شاعر محفوظ ھیں۔

عنوان:	محبوب
شاعر:	سید مدثر علی زیدی مصوّر
اہتمام	سید محمد کاظم رضا (کینیڈا)
پبلشر	ایمازون
پرنٹرز	ایمازون
تاریخ اشاعت:	25 جولائی 2024ء
جلد:	اوّل
تعداد:	1000 عدد
قیمت:	1500 روپے ($20)

زینب پبلیکیشنز، کینیڈا

سڈبری، اونٹاریو۔

انتساب

یہ کتاب، میرے دادا سیدّ محبوب علی زیدی کے نام، کہ جن کی انتھک محنت، لگن اور رہنمائی سے آج میں اس قابل ہوا۔ میری دنیاوی تمام تر کامیابیوں کا سہرا بلا شرکتِ غیر میری والدہ محترمہ کے سر ہے، کہ جنہوں نے میری زندگی پر دوررس نتائج چھوڑے، مجھے علم کی اہمیت سے روشناس کرایا، مجھ میں آگے بڑھنے اور مقابلہ کرنے کا حوصلہ پیدا کیا۔ مگر میرے دادا سید محبوب علی زیدی نے مجھے زبان و بیان کا مزہ چکھایا۔ اردو ادب سے محبت میرے دل میں پیدا کی ۔ اور ادب سے لگاؤ کی ایسی شمع میرے دل میں جلائی، جو آج تک میرے تخیل کو سلگا رہی ہے۔ یہی وجہ ہے کہ سوتے جاگتے میرے ذہن میں نت نئے خیالات جنم لیتے ہیں۔ اور پھر اُن خیالات کو الفاظ کے پیرائے میں ڈھالنے کی جستجو مجھے جگائے رکھتی ہے۔ یہاں تک کہ میرے جذبات کسی غزل، رباعی، یا حمد کی صورت صفحات پر اُتر آتے ہیں۔ یہی وہ لمحہ ہے جب دلِ بے چین کو قرار آتا ہے۔

میرے اکثر اشعار کا محور میری شریک حیات، میری پہلی اور آخری محبت کومل زیدی ہیں جنہوں نے اپنی سحر انگیز شخصیت سے میری زندگی اور شاعری کو رنگوں سے بھر دیا ہے۔ اسی لیے میں اپنے تخیلات کا ماخذ اپنی زوجہ کو قرار دیتا ہوں۔ اور انہیں خیالات کا مجموعہ آپ کی بصارتوں کی نظر کرنے جا رہا ہوں۔

سید مدثر علی زیدی مصوّر

میں مصوّر

کون کہتا ہے کہ چشمِ نگر نہیں ہوں گے
کون کہتا ہے ک اہلِ ہنر نہیں ہوں گے

اور بھی لوگ مسیحا ہیں مصوّر جیسے
پر اس کی طرح سے شیر وشکر نہیں ہو نگے

خیال

وہ جب آتے ہیں خیالات کی جنّت میں میری
میری سوچوں کے حسین باغ نکھر جاتے ہیں

میری آنکھوں میں ٹھہر جاتے ہیں آنسو بن کر
پھر میری نیند میرے خواب بکھر جاتے ہیں

موسمِ دل

میری دنیا میں وہ آئے، بن کے صحرا میں بہار
وہ گئے تو چاند کے ماتھے پہ بل پڑنے لگے

وہ جو آئے تھے تو شہر قلب کو مہکا دیا
وہ گئے تو دل کے سارے پھول مرجھانے لگے

مصوّر

ساتھ

وہ ساتھ چل نہ سکے گا جو رُک گیا پل بھر
اس ہی لئے تو میں اکثر تنہا سا رہتا ہوں

وہ آ کے جا نہ سکے گا جو بس گیا اِس میں
میں اپنے دل کو یونہی تو چھپا کے رکھتا ہوں

حالِ دل

کبھی ہم سے بھی کچھ کہا ہوتا
کبھی ہم سے بھی کچھ سُنا ہوتا

حالِ دل تم اگر نہ کہہ پاتے
ہم نے سب کچھ بتا دیا ہوتا

رازِ دل

اُس نے پوچھا بھی نہیں میں نے بتایا بھی نہیں
سرگزشت اپنی تو دونوں نے چھپائی لیکن

چاہ نے شرم کے پردے تو بہت کچھ ڈالے
آنکھ سے پیار کی گہرائی چھپائی نہ گئی

مصوّر

تصویر

بھول کے میں نے جو تصویر بنائی تھی کبھی
اس کے رنگوں سے نکلنا تو بہت مشکل ہے
آج وہ روٹھ کے کہتے ہیں مصور میرے
تیری تصویر سمجھنا تو بہت مشکل ہے
آج الجھا ہوں زمانے سے منجدار میں ہوں
آج طوفاں سے نکلنا تو بہت مشکل ہے
میری عادت ہے زمانے سے الگ رہتا ہوں
میری عادت کا بدلنا تو بہت مشکل ہے
تجھ کو پانے کے لئے سارے زمانے سے لڑا
خود مگر تجھ سے ہی لڑنا تو بہت مشکل ہے

مصوّر

طرزِ محبت

پھر نئی چوٹ لگی ہے دل کو
پھر کوئی زخم ہرا لگتا ہے

یوں تو بچھڑا ہے ہر کوئی ہم سے
درد اِس بار نیا لگتا ہے

آپ مانگیں تو جان بھی دے دوں
بس یہ انداز برا لگتا ہے

ساری دنیا کا حسن جانے کیوں
اس کے آنچل میں بھرا لگتا ہے

ان کو لگتا ہے جب کوئی اچھا
ہم کو ہر کوئی برا لگتا ہے

خود ہی کہتا ہوں اس سے دور رہوں
پھر یہ کہتا ہوں، برا لگتا ہے

مصوّر

حوُر

جاگتے تھے ان کے ہونٹوں کی گرم جوشی سے ہم
نیند آتی تھی جب ان کی باہ پہ رکھتے تھے سر

جب کبھی وہ زلف لہراتا تو آجاتی بہار
وہ کبھی جب بال کھولے تو مہک جاتا تھا گھر

وہ ہے میری شاعری وہ ہے سراپا ایک غزل
ہر کلی اس سے جلے وہ باغ میں جائے اگر

پھول کی پتی سے لب آواز گویا ایک سحر
اس کی باتیں ہیں کے جیسے دھوپ میں ٹھنڈا شجر

محبوب

اس کی آنکھوں میں چھپا تھا ساری دنیا کا خمار
جام جیسے اس کے نازک ہونٹ ڈھاتے تھے قہر

چاندنی شرمائے وہ جو رات کو نکلے کبھی
حسن کل کی یہ جھلک بس آئے مجھ کو ہی نظر

جسم ایسا جس کی طالب ہو ہر ایک جنّت کی حور
چاند جس کی دید کی کوشش میں جاگے رات بھر

وہ مصور کی بنائی ایسی ایک تصویر ہے
پھر کبھی بھی بن نہ پائے اب کوئی چھیڑے اگر

مصوّر

اعتماد

تجھ کو پایا تھا زمانے سے بغاوت کر کے
اب اگر ہاتھ کو چھوڑا تو کدھر جاؤں گا

ایک تیرا ہی بھروسہ تھا بھنور میں مجھ کو
آج گر پھیر لیں نظریں تو بکھر جاؤنگا

مصوّر

محبوب

ہجرِ یار

جب کبھی دیکھیں گے مجھ کو وہ میری تصویر میں
ان کی آنکھوں میں محبت اشک بن کر آئے گی

روئیں گے وہ اِس کو پڑھ کر جس پہ ہنستے تھے کبھی
جب ہماری شاعری ان کو سمجھ آ جائے گی

زندگی نے بھی ہمیشہ ہم کو رکھا دور دور
موت بھی آج ہم کو اُن سے دور ہی لے جائے گی

وہ سمجھتا ہے کے اس کے بعد بھی زندہ ہوں میں
بے کفن ایک لاش ہوں ایک دن دفن ہو جائے گی

خود کو دیکھے گا کبھی فرصت میں جب وہ غور سے
تب میری ہر ایک غزل اس کو سمجھ آ جائے گی

مصوّر

محبوب

وصال

بس مجھے دیکھنے کی خواہش میں
ساری دنیا سے وہ لڑا ہوگا

کیا اُسے نیند آئی ہوگی کبھی
کیا کبھی وہ بھی رو دیا ہوگا

مصوّر

ایک دوست

پیار اور دوستی کا فرق سکھاؤں کیسے

نہ سمجھ تجھ کو میں یہ بات بتاؤں کیسے

بول دو کل تھا جو بولا وہ غلط بولا تھا

بول دو تم نے یہ سوچا تھا ستاؤں کیسے

مجھ کو لا دو وہ میرا دوست وہ میرا اپنا

اپنے اس دوست سے یوں دور میں جاؤں کیسے

ایک دن میں یہ کیا کیسا فاصلہ تم نے

آج ہوں کتنا تم سے دور بتاؤں کیسے

ایسا لگتا ہے کوئی دوست نہیں ہے میرا

مجھ سے روٹھا ہے مقدّر میں مناؤں کیسے

مصوّر

دھوکہ

عمر بھر کھیلتا رہا وہ زندگی سے تیری
تو نے کیا سوچ لیا تھا اسے وہ کیا نکلا

ہاتھ سے خون نکلتا ہے ذرا دیکھ تو لے
تو نے سمجھا تھا جسے پھول وہ کانٹا نکلا

کون جانے کے اندھیرے میں تھی کرن تیری
جس کو سمجھا تھا اُجالا، کیا اُجالا نکلا

مصوّر

شوقِ دیدار

روز اُٹھتا اسی خیال سے ہوں
آج اس شوخ رُو کو دیکھوں گا
آج کُھل جائے گی میری قسمت
آج میں زندگی کو دیکھوں گا
مجھ کو مل جائے گا کہیں پر وہ
پھر کہاں میں کسی کو دیکھوں گا
آج دیکھوں گا کچھ نیا اُس میں
آج پھر سے اسی کو دیکھوں گا
میں بھی دیکھوں گا کیا مُروّت ہے
آج میں دوستی کو دیکھوں گا
وقت سے مانگ کر چند لمحے
ہر گھڑی میں تجھ ہی کو دیکھوں گا

محبوب

وہ جسے میں کبھی بُھلا نہ سکا

آج پھر اس حسیں کو دیکھوں گا

جیت کر پا لیا اندھیروں کو

ہار کر روشنی کو دیکھوں گا

آج سوچا ہے یہ مصور نے

تیری جادوگری کو دیکھوں گا

مصوّر

رشتے

کل روشنی میں جس پہ نظر بھی نہیں ڈالی

وہ آج اندھیروں میں میرے ساتھ رہا ہے

میں ڈھونڈتا رہا جسے ہر دن ہر ایک رات

وہ ساتھ تھا میرے وہ میرے پاس رہا ہے

چھیڑو نہ اب خزاں کے لٹاہوں ہزار سال

برسوں کے بعد آج پھر یہ باغ ہرا ہے

معلوم تھا مجھے کے جس پہ چل رہا تھا میں

اس پل کو میرا ایک دوست کاٹ رہا ہے

مصوّر

تنازعہ

وہ سمجھتا ہے کہ اس کی بات پر ناراض ہوں
کیوں سمجھتا ہے کے اس سے بار ہا لڑتا ہوں میں

وہ کبھی تصویر کو میری جگہ ہو کر کھڑے
ایک دفع تو دیکھ لے جو دیکھتا رہتا ہوں میں

اس کو کیا بتلاؤں کے ہوتا کہاں ہوں رات بھر
اس کے بارے میں تو سوچا بھی نہیں کرتا ہوں میں

وہ سمجھتا ہے کے اس سے وصل کے طالب ہیں
اس کو کیا معلوم کے کس بات پہ مرتا ہوں میں

مصوّر

یار

مجھ سے بچھڑ کے بادلوں میں کھو گیا تھا جو
وہ آج ملا بھی ہے تو برسات کی طرح

اتنا بدل چکا ہے نئی زندگی میں وہ
کہ یاد بھی آیا میں تو بس یاد کی طرح

پھر کہہ رہا ہے آج کیوں یہ بھیگتا موسم
اُجڑا تھا ایک باغ آفات کی طرح

کنگن تو لے لئے ہیں مگر ڈھونڈتا ہوں میں
ملتا نہیں ہے ہاتھ تیرے ہاتھ کی طرح

لگتا ہے اسکی یاد میں لکھتے رہے ہو تم
جاگے ہو آج رات بھی ہر رات کی طرح

لفظوں کا کشت تم نے کیا کچھ نہ کہہ سکے
وہ بات کر گیا بس ایک بات کی طرح

مصوّر

ساتھ

موڑ کتنے ہی آ کر گزر جائیں گے

لوگ کتنے ہی مل کر بچھڑ جائیں گے

تم سے پہلے ملے ہم سے کتنے حسین

اور کتنے حسین ہم کو مل جائیں گے

ہم کو معلوم نہ تھا آتشِ عشق میں

ایک ہی چوٹ سے آپ ڈر جائیں گے

تیری آنکھوں میں رہنے کی عادت سی ہے

آپ گر رو دیئے ہم کدھر جائیں گے

تھک گئے ہیں مسافت میں ہم اس قدر

اب کے ٹھوکر لگے گی تو گر جائیں گے

تم سے پہلے جو تھے ماہ جبیں کم نہ تھے

ساتھ دیکھیں گے ہم کو تو جل جائیں گے

ہم کو کیا تھی خبر عشق کی راہ میں

ایک دم آپ دل میں اُتر جائیں گے

مصوّر

منزل

ہے جو منزل نہ ملنے کا پورا یقین
تو یہ خود کو منانے کا کیا فائدہ

جب پتہ ہے شجر پورا جھڑ جایگا
گن کے پتے اٹھانے کا کیا فائدہ

دیکھ پردہ نشین ہم تو پردہ ہوے
اب یہ آنچل اٹھانے کا کیا فائدہ

بھول جانے کی کوشش میں یاد آے جو
روز اس کو بھلانے کا کیا فائدہ

فائدہ ہی نہیں جس کے انجام میں
ایسی منزل پہ جانے کا کیا فائدہ

مصوّر

محبوب

دو چار دن

سائے سے پیار ہے اُسے نادان ہے بہت

اس کو خبر نہیں کہ یہ دن بھر کا ساتھ ہے

رہتا ہے ان کے ساتھ مگر پو جتا نہیں

ایسا یہ بُت کا اور مصوّر کا ساتھ ہے

شاید اُسے بھی میرے بلانے کا پاس تھا

محفل میں آج اس لئے وہ ساتھ ساتھ ہے

آغاز سے تنہائی کا عادی رہا ہے دل

کل ساتھ تھا میرے نہ کوئی آج ساتھ ہے

دو چار دن ہیں اور تیری بزم میں صنم

دو چار دن ہی اور مصور کا ساتھ ہے

مصوّر

اچھا لگا

میں بھی تھا اِک کارواں میں جانبِ منزل کبھی
پر مجھے منزل پہ جا کر لوٹنا اچھا لگا

مجھ پہ مر مٹنے کا دعویٰ کر رہے ہو تم مگر
مجھ کو اتنا تو بتاؤ مجھ میں کیا اچھا لگا

حد کسے کہتے ہیں ہم نے یہ نہیں سوچا کبھی
یہ نہیں سوچا کبھی کے کس کو کیا اچھا لگا

یہ سنا تھا خوش ہے وہ ایک اور گلشن میں کہیں
اس کے گلشن میں بہار آئی ،سنا، اچھا لگا

تم میں کچھ تو ہے کے تم کو دیکھتا رہتا ہوں میں
تم کو دیکھا خوش ہوا تم کو ملا اچھا لگا

ایک عجب سا سوز اس آواز کی نرمی میں ہے
جب کبھی اس سے ملا اس کو سنا اچھا لگا

اس کی چاہت میں نہیں سوچا کبھی اچھا برا
آج اس کو کیا بتاؤں اس میں کیا اچھا لگا

مصوّر

پیاس

آغاز بھی تم ہی تھے میرے اضطراب کا
اس دل کی داستاں کا نیا باب بھی ہو تم

ساکت سی جھیل کو کسی پتھر سے چھیڑنا
پھر موج بے قراں کے اسباب بھی ہو تم

تجھ سے بہت عجیب سا رشتہ ہے میرے دوست
کہ دور بھی ہو مجھ سے میرے پاس بھی ہو تم

شاید کوئی قیاس ہو شاید کوئی خیال
پیاسا ہوں میں بہت میری پیاس بھی ہو تم

مصوّر

بے وفائی

تمام عمر رہے پیار کے سمندر میں
تمام عمر ترستے رہے کسی کے لئے

اسے ہے علم ہمارا وہ لوٹ آئے گا
ہم انتظار ہی کرتے رہے کسی کے لئے

ایک مدّت سے صحیفہ سمجھ کے اسکو پڑھا
میں کیسے بات کروں آج ہر کسی کے لئے

وہ سوچتا ہی نہیں رنج کا کوئی مطلب
اس قدر کم فہم اچھی نہیں کسی کے لئے

وہ دیکھتا تھا کسی کو میں دیکھتا تھا اُسے
جیا میں اس کے لئے جو جیا کسی کے لئے

مصوّر

اضطرابِ قلب

مجھ کو میرے خدا نے بہت معتبر رکھا

لکھتا ہم اپنے ہاتھ سے اپنا نصیب میں

وہ گُل کہاں گیا ہے جو چھوڑا ہے یہ شجر

رہتا یہیں پہ تھا کبھی میرے قریب میں

پیتا رہا شراب میں رات بھر تمام

آیا ہے آج کل نیا ساقی قریب میں

مجھ کو میرے اصول نے دھوکہ دیا بہت

شاید کہ خود آپ ہوں اپنا رقیب میں

یا خرد دیا ہوتا یا دیتا تو مجھ کو دل

کیوں دے دیئے یہ دونوں ہی اتنے قریب میں

مصوّر

بہار

پھر سے کہیں بہار کے آثار لگے ہیں

پھر سے کہیں اُمید کے بازار لگے ہیں

ایسا لگے ہے مجھ کو کہ میں ساتھ ہوں تیرے

ہاں پھر سے تیری دید کے آثار لگے ہیں

تجھ پر لکھے ہوئے چند اشعار کے سوا

جو کچھ لکھا قلم نے وہ بیکار لگے ہیں

دیکھا ہے ہر کلی نے عجب شک کی نگاہ سے

آج اپنی ہی گلی میں ہم اغیار لگے ہیں

اس شام میرے دل کے بہت پاس رہے آپ

آج آپ میری غزل کے اشعار لگے ہیں

مصوّر

غلطی

کبھی کرن کی تمنا کبھی امید کا ساتھ
کہ ڈھونڈتے ہیں سہارے ہماری غلطی ہے
ہمیں خبر ہی نہ تھی لوٹنا پڑے گا ہمیں
چلے تھے ساتھ تمہارے ہماری غلطی ہے
شکست وقت کو دیتے رہے تمام عمر
آج حالات سے ہارے ہماری غلطی ہے
یہی قصور ہے اپنا کہ چاہتے ہیں تمھیں
رہے جو ساتھ تمہارے ہماری غلطی ہے
کبھی جو ہار ہوئی زیست سے یہ یاد نہیں
آج ہم موت سے ہارے ہماری غلطی ہے

مصوّر

یادِ ماضی

دور سے مجھ کو کوئی چیز نظر آتی ہے
وہ میرے خواب کی تعبیر نظر آتی ہے

مجھ کو آتا ہے نظر آنکھ میں آنسو تیرا
تیرے دل پہ پڑی لکیر نظر آتی ہے

کون کہتا ہے تجھے بھول گیا ہے میرا دل
آج بھی تیری ہی تصویر نظر آتی ہے

یوں تو کچھ مجھ کو نہیں کام میرے ماضی سے
بس کوئی یاد کی زنجیر نظر آتی ہے

مصوّر

کومل

یہ میرا درد میرا انتشار ہے شاید

ہوں بے قرار میرا پہلا پیار ہے شاید

وہ جس کی دید کو ترسا ہے چاند برسوں تک

کہ آئے اس کو نظر انتظار ہے شاید

وہ میری جان میرا دل وہ میری دھڑکن ہے

وہ میرے ساتھ ہے ہر دَم یہ پیار ہے شاید

وہ میری سانس میں رہتا ہے خوشبوؤں کی طرح

یہ میرے پیار کا پہلا اظہار ہے شاید

ہے ماہتاب کی جیسی یہ پھول سی کومل

وہ میری روح کا دل کا قرار ہے شاید

بہار آئی ہے لگتا ہے آج پھر ہر پھول

تیرے دیدار کو پھر بے قرار ہے شاید

میں اسکی آنکھ سے پیتا رہا شراب حسُن

یہ مہہ کشی یہ بے خودی یہ پیار ہے شاید
یہ اسکے ہونٹ کی نرمی یہ اسکی زُلف کی چھاؤں
یہ اسکی باہوں کی گرمی کا ہار ہے شاید
وہ حسن گُل ہے مصور کی آخری تصویر
یہ شکل اسکا مگر پہلا پیار ہے شاید

مصوّر

انجامِ محبت

کون اپنا ہے کون پرایا ہم کو تو معلوم نہیں
کس کے بھیس میں کون ہے آیا ہم کو تو معلوم نہیں
بس اتنا معلوم ہے تیرے پیار میں ہم نے جاں دے دی
تجھ کو کھویا ہے یا پایا ہم کو تو معلوم نہیں

مصوّر

دل لگی

ایسا لگتا ہے کسی کی شوخیوں سے ایک دن

میری ویراں زندگی کو زندگی مل جائے گی

آج اہلِ دل منائیں گے کوئی تہوارِ دل

ایسا لگتا ہے مجھے بھی دل لگی مل جائے گی

ایسا لگتا ہے کسی کے خواب میرے خواب ہیں

ایسا لگتا ہے مجھے وہ آج ہی مل جائے گی

ان گھنی تاریکیوں میں آئے گی کوئی کرن

ایسا لگتا ہے مجھے بھی روشنی مل جائے گی

مصوّر

رُخصت

میں چلا جاؤں گا پر جانے سے پہلے ایک دن
تیرے ہاتھوں کی لکیروں کو مٹا جاؤنگا
تو نے کاغذ سے میرا نام مٹایا تھا کبھی
میں تیرے دل سے کوئی نام مٹا جاؤنگا
میرے آنے سے مزاج آپکا برہم ہے مگر
ایک نظر دیکھنے آیا ہوں چلا جاؤنگا
تو نے بولا تھا چلا جاؤں تیری دنیا سے
آج شب میں تیری دنیا سے چلا جاؤنگا

مصوّر

کون ہو تُم

تم کوئی پھول کی پتی ہو بہاراں ہو تم
میں ہوں طوفان میں اور میرا کنارہ ہو تم
تم کو مانگا تھا حسینوں کے خدا سے میں نے
میری قسمت کی لکیروں کا اشارہ ہو تم

مصوّر

ابھی باقی ہے

اور کچھ تلخی ایّام ابھی باقی ہے
اور کچھ سفر کی تھکان ابھی باقی ہے
آج کچھ تھم سا گیا ہے یہ سمندر لیکن
آنے والا کوئی طوفان ابھی باقی ہے

مصوّر

بے وفائی

مجھ سے ملتا ہے وہ ہر روز اجنبی کی طرح

مجھ پہ کرتا ہے ستم وہ بھی ہر کسی کی طرح

ہم جھکے ہیں نہ جھکیں گے کبھی کسی کے لئے

ہم نے چاہا ہے موت کو بھی زندگی کی طرح

چوٹ کھائی ہے بہت پیار کی مسافت میں

ہم کو ملتی ہے بے وفائی دل لگی کی طرح

میری آنکھوں کے دریچوں پر لا کر آنسو

وہ بھی ہنستا تھا کچھ ایسے ہی آپ ہی کی طرح

مصوّر

راستہ

وہ جو خواب پورا نہ ہو سکا میری زندگی کی بساط کا
میں جو چپ رہا یونہی بے سبب وہ جواب تھا تیری بات کا
میرے ساتھ ساتھ چلا تو ہے میرے ہمسفر میری بات سن
مجھے راستے میں نہ چھوڑنا، دے کے واسطہ کسی بات کا
یہ جگہ نئی جگہ سہی یہاں لوگ سارے پرانے ہیں
تو ہی مجھ کو منزل دلائے گا تو ہے پکّا اپنی بات کا
کسی شاخ پر کسی پھول سے یہ پیام مجھ کو ملا ابھی
کہ یہ فاصلہ نہیں اور کچھ ہے بس انتظار ایک رات کا
میرے ساتھیوں میرے دوستوں مرا ساتھ گر ہے تھکان کا
تم اپنی راہوں پہ چل پڑو تمہیں واسطہ میری ذات کا

مصوّر

خواب

میں اُسے جانتا نہیں لیکن

مجھ سے ہر روز ملنے آتی ہے

روٹھ جاؤں تو منانے کے لیے

دیر تک گیت گنگناتی ہے

اسکی زلفوں میں گر اُلجھ جاؤں

پیار سے وہ مجھے سلاتی ہے

سوکھے موسم میں اس کی باتوں سے

یہ میری آنکھ بھیگ جاتی ہے

میں تیری کچھ نہیں مجھے نہ ملو

وہ یہ ہر بار بھول جاتی ہے

روٹھ جائے تو ہاتھ آتی نہیں

مان جائے تو بھاگ جاتی ہے

شان میں اسکی اگر شعر کہوں

محبوب

مجھ سے کہتی ہے لاج آتی ہے
تتلیوں سے کبھی جو بات کروں
تو مجھے اس کی یاد آتی ہے
ان کتابوں میں دل نہیں لگتا
کیوں مجھے روز چھوڑ جاتی ہے

مصوّر

اجازت

نیند آنکھوں سے چُرا لوں مجھے اجازت دو
بات ہونٹوں سے چُرا لوں مجھے اجازت دو
تمہارے دل پی مجھے اختیار ہے پھر بھی
میں تمہیں تُم سے چُرا لوں مجھے اجازت دو

مصوّر

تُم نہیں ہو

ہمیں آرزو تھی جس کی وہ بہار تم نہیں ہو
میرے دل کی دھڑکنوں کی تکرار تم نہیں ہو
میرے دل کو پڑھنے والی وہ نظر سمجھنے والی
جسے ٹوٹ ٹوٹ چاہا وہ اظہار تم نہیں ہو
وہ جو سامنے ہو میرے تو جہاں میں سب حسین ہے
وہ نہیں تو کچھ نہیں ہے وہ قرار تم نہیں ہو
جسے دیکھنے کو جاگیں جسے دیکھ کر نہ سوئیں
کہ جو سوچ میں پلا دے، دلدار تم نہیں ہو
وہ جو پھول سی حسین تھی وہ جو پیار کی ندی تھی
جسے چاہا خود سے زیادہ میرے یار تم نہیں ہو
میری آنکھ کے شہر میں کوئی اور ہے مصور
تو ہے جھوٹا ایک تصور میرا پیار تم نہیں ہو

مصوّر

نہیں ملتا

کسی کو دَر نہیں ملتا کسی کو زَر نہیں ملتا
کہا مجھ سے کسی نے کہ کسی کو سب نہیں ملتا
بہت پیسہ کمایا ہے بہت شہرت کمائی ہے
جو چاہا مل گیا ہم کو مگر کیوں رَب نہیں ملتا
کوئی تو بات ہے اس میں جو پہلی سی نہیں شوخی
جو تھا ہر بزم رنداں میں کسی سے اب نہیں ملتا
مجھے تو روز ملتا ہے مصور پیار پر لیکچر
مگر جو پیار ملتا تھا کبھی وہ اب نہیں ملتا

مصوّر

ہمسفر

سفر تو ہوگا مگر ہمسفر نہیں ہوگا

مکاں تو ہوگا مگر تیرا گھر نہیں ہوگا

ہر ایک آنکھ میں دھوکہ ہر ایک چہرے پہ نقاب

ستم کی بستی میں کوئی چارہ گر نہیں ہوگا

یہ سوچ کر تیرا ہر وار ہے سہا میں نے

کے میرے بعد کوئی در بہ در نہیں ہوگا

میں دن رات دُعا کرتا ہوں کہ ہو سفر طویل

ملی جو منزل تو پھر راہبر نہیں ہوگا

مصوّر

سمجھ

وہ میرے دل کے ارادوں کو جانچ لیتے ہیں
میری نظر سے میرے رنج بھانپ لیتے ہیں

بکھیر دیتے ہیں مجھ کو بہا کے وہ آنسو
میرے دُکھوں کا وہ سارا حساب لیتے ہیں

کبھی جو خواب میں آئیں تو چھین لیتے ہیں نیند
کبھی جو سامنے آئیں تو خواب دیتے ہیں

مصوّر

داستانِ محبت

جو داستان سناؤ گے میری دنیا کو
میرے دکھوں کو میرے یار تم بتا دینا
بتانا دار پہ کھینچا گیا میں کس کے لئے
لگا تھا کس کا مجھے وار تم بتا دینا
نہ میری ذات کے ٹکرے اُٹھانے دینا اُسے
مجھے چڑھائے نہ وہ ہار تم بتا دینا
یہ سوچ کر کہ نہ ہو اس کی کہیں رسوائی
سیا میں لب تو ہر ایک بار تم بتا دینا
تمہارے راز چھپائے رہا، جیا جب تک
نہ آئے تم پہ کوئی وار تم بتا دینا
بتانا انکو کے باوصف بے وفائی کے
میرا تھا بس وہی ایک یار تم بتا دینا
مصور ایک ہی خواہش دبا گیا دل میں
بنائے انکا ایک شاہکار تم بتا دینا

مصوّر

ایک عُمر لگی

وہ آئے دیکھا انہوں نے وہ چھا گئے ہر سو
ہمیں تو بات بنانے میں ایک عمر لگی

تمام عمر لگی ان کا پیار پانے میں
پھر اُن سے پیار جتانے میں ایک عمر لگی

وہ جس کو چھوڑ دیا تھا بڑے غرور کے ساتھ
اسی کی یاد بھلانے میں ایک عمر لگی

جو اپنے آپ کو کھویا تو پا لیا سب کچھ
پھر اپنے آپ کو پانے میں ایک عمر لگی

وہ دیر سے بھی جو آیا تو بیوفا نہ کہو
اسے اشعار سنانے میں ایک عمر لگی

مصور ایک ہی مصرے میں کہہ گیا سب کچھ
ہمیں تو آنکھ ملانے میں ایک عمر لگی

مصوّر

رازِ اُلفت

مجھ سے کہتے ہیں کہ میں دل کی زبانی لکھ دوں

ایک لمحے میں عمر بھر کی کہانی لکھ دوں

زلف کو رات لکھوں آنکھ کو آتش لکھ دوں

حسن کو آپ کے پھولوں کی جوانی لکھ دوں

راج ہے ان کا میرے دن اور رات دونوں پر

صبح کا نور لکھوں رات کی رانی لکھ دوں

عشق کے بھوت نے برباد کر دیا ہم کو

شام کو رات لکھوں آگ کو پانی لکھ دوں

بے وفائی میں تیرا نام نہ آ جائے اگر

اپنی کشتی کے سوراخوں کی کہانی لکھ دوں

مصوّر

نہ سمجھ لیجیئے گا

دل دھڑکنے کو زندگی نہ سمجھ لیجیئے گا
چار سجدوں کو بندگی نہ سمجھ لیجیئے گا
اور بھی لوگ ہیں اس دل میں بسیرا رکھے
اس تبسّم کو دل لگی نہ سمجھ لیجیئے گا
میں نے پی رکھی ہے ٹللی نہ سمجھ لیجیئے گا
میں ببر شیر ہوں بلّی نہ سمجھ لیجیئے گا
ایک ایک کر کے پکڑ لینگے تمہارے جاسورس
یہ کراچی ہے دِلّی نہ سمجھ لیجیئے گا
نیل پالش ہے چیونگ گم نہ سمجھ لیجیئے گا
پوائزن ہے یہ مرہم نہ سمجھ لیجیئے گا
تم کو ملنا ہے اگر ربّ سے تو خود کر لو جگاڑ
ڈاکٹر ہوں میں گورکن نہ سمجھ لیجیئے گا

مصوّر

شکوہ

تجھ سے شکوہ نہیں کوئی ہمدم
میرا اظہار کم رہا ہوگا

اشک پلکوں پہ آ گئے میرے
رنج کوئی بڑا لگا ہوگا

سارے رشتے ہیں کاغذوں جیسے
یا میرا پیار کم رہا ہوگا

سب کو پایا سبھی کو کھو بیٹھا
وہ بھی کس حال میں رہا ہوگا

رو دیئے سن کے وہ میرے اشعار
دل پہ کوئی زخم لگا ہوگا

ساتھ رہ کر بھی کم نہیں ہوتا
فاصلہ کوئی تو رہا ہوگا

ہم کو بدنام کر دیا جس نے
کچھ تو وہ شخص بھی برا ہوگا

مصوّر

حق

تجھ سے مانگوں گا زَن، نہ زَر، نہ زمین

شعر سن لے تیرا بھلا ہوگا

سر کٹایا تھا جس نے حق کے لئے

وہ اماموں کا سربراہ ہوگا

تجھ کو پہچان لوں یہ ہے مقصد

اس کا رستہ تجھے پتا ہوگا

مجھ کو بس معاف کر دیا تو نے

تیری رحمت کا واسطہ ہوگا

جس کے مرنے پی رو دیا ساقی

وہ مصور بھی دل جلا ہوگا

مصوّر

کباب

مجھے نہ کام آپ سے ہے نہ احباب سے ہے
بھوک لگی ہے مجھے کام بس کباب سے ہے
آپ کے شیر سنے تو یہ خیال آیا
یہ مطلع تو میٹرک کی ایک کتاب سے ہے
یوں ہی بے وجہ نہ ہو مجھ سے نالاں جاناں
یہ خط تو آپ نے پکڑیں ہیں یہ خود آپ سے ہیں
خرچ کرتا ہوں قوم کے پیسے بنا شمار
میں تو لیڈر رہوں میرا کام کیا حساب سے ہے
ابھی سے چیخ رہے ہیں کے بس کرو تقریر
انہیں تکلیف مجھ سے ہے یا انقلاب سے ہے
مجھ کو تحفے میں دیا آپ نے تو یاد آیا
یہ ڈائمنڈ تو چرایا میری ہی شاپ سے ہے
مجھ کو سچ بولنے پر کر دیا مجبور تو سن
مجھ کو ماہتاب سے مطلب نہیں شباب سے ہے

مصوّر

کیا اچھا ہو

روگ یہ دل میں اتر جائے تو کیا اچھا ہو
آگ یہ انکو بھی لگ جائے تو کیا اچھا ہو
جس کو خوابوں کی حویلی میں سجایا میں نے
رات بھر وہ بھی نہ سو پائے تو کیا اچھا ہو

مصوّر

دِین

لٹ گیا شہر ہمارا تو کہاں تھے واعظ
شہرِ ظلمت میں فقط گیان سے کیا ہوتا ہے
یا شیعہ جان کے مارو گے یا سنّی کہہ کر
ہو نہ ایماں تو مسلمان سے کیا ہوتا ہے
مُتّقی ہو تو مصلّے کی ضرورت کیا ہے
ہو نیت صاف تو شیطان سے کیا ہوتا ہے

مصوّر

محبوب

کیا ہوتا ہے

میرے محبوب مجھے پیار ہے فقط ہے تم سے

اب پڑوسن کے اس الزام سے کیا ہوتا ہے

میں نے مانا کے ہوئی مجھ سے خطا ہے لیکن

وہی ہوتا ہے جو منظورِ خدا ہوتا ہے

جب کھلانا ہی نہیں تھا تو بلایا کیوں تھا

قورمہ ہی نہیں تو نان سے کیا ہوتا ہے

بانٹتے پھرتے ہیں لوگوں کو دکھاوا کر کے

یہاں چڈی نہیں بنیان سے کیا ہوتا ہے

اس نے کھانا جو دیا بھوکے کو سیلفی لے کر

ہو دکھاوا تو پھر احسان سے کیا ہوتا ہے

مصوّر

حقیقت

کیا غضب ہے کہ اب تیری صورت

یاد کرنے سے یاد آتی ہے

موت تو دے گی ایک دن تکلیف

زندگی رات دن رُلاتی ہے

وہ کما تا تو ناک اونچی تھی

سر جھکا ہے جو وہ کماتی ہے

مصوّر

شبِ ہجر

شبِ ہجر کی کہانی انہیں بتا نہ سکا

تھا ان سے پیار ہمیں بھی مگر جتا نہ سکا

سجا لیا ہے چمن کو حسین یادوں سے

میں اپنے خواب تیری روح میں سجا نہ سکا

مصوّر

کیا کِیا جائے؟

زندگی ہم پہ کچھ نہیں آسان
نہ جیا جائے نہ مرا جائے
جس پہ مرتے ہیں وہی مارے ہے
تم ہی بتلاؤ کیا کیا جائے
تم نے دھڑکن کو زندگی دی تھی
اب بنا تیرے کیا جیا جائے
خون سے لکھ دیا فسانہ دل
اپنے زخموں کو اب بھرا جائے
گر میں بولا تو سچ ہی بولوں گا
میرے ہونٹوں کو سی دیا جائے
سارے دکھڑے ہی زندگی تک ہیں
موت کے بعد کیا مرا جائے
خوب چرچا ہے ایک مصور کا
وہ جو لفظوں سے دل چرا جائے

مصوّر

ڈر لگتا ہے

ہم کو جنگل کے کسی شیر کا کچھ خوف نہیں

ہمیں تو شہر کے انسان سے ڈر لگتا ہے

جو بھی آتا ہے وہ کرتا ہے ستم ہم پہ نیا

پوچھتے ہو کے کیوں احسان سے ڈر لگتا ہے

خون کرتے ہیں مسلماں کا مسلماں بن کر

آج کے دور میں ایمان سے ڈر لگتا ہے

جو مٹا دیتی ہے لوگوں کی مروّت دل سے

ہم کو اس آن سے اس شان سے ڈر لگتا ہے

میرے دشمن تیرا ہر وار سہا ہے ہنس کر

اب تیرے پیار کے عنوان سے ڈر لگتا ہے

جو ہمیں سب کی نگاہوں میں گنہگار کرے

رنگ سے دی گئی پہچان سے ڈر لگتا ہے

مصوّر

کیا ہو گا؟

جو روٹھ کے بھی ہو شیر و شکر

وہ مان گیا تو کیا ہو گا

آنکھوں سے جہاں چڑھ جائے نشہ

وہاں جام ملا تو کیا ہو گا

اس شہر نے تجھ کو پیار دیا

تو چھوڑ گیا تو کیا ہو گا

جگ جھوٹ فریب کا پردہ ہے

پردہ جو ہٹا تو کیا ہو گا

ڈرتے ہیں آنکھ لگانے سے

اب خواب سجا تو کیا ہو گا

ایک عمر لگی بھرنے میں زخم

اب پیار ہوا تو کیا ہو گا

چپ رہ کے سہا ہر ظلم تیرا

محبوب

شکوہ جو کیا تو کیا ہوگا

سب جھوٹی آس پہ زندہ ہیں

سچ بول دیا تو کیا ہوگا

نقطے کی حقیقت ہے دنیا

نقطہ جو ہٹا تو کیا ہوگا

سب ہار کے پا یا رب میں نے

جو جیت گیا تو کیا ہوگا

اللہ بھی تو بھگوان بھی تو

ایمان گیا تو کیا ہوگا

انسان بھی تو حیوان بھی تو

جگ جان گیا تو کیا ہوگا

مصوّر

شکوہ

جتا کے ہم کو کہ ہم سے برا نہیں کوئی
پوچھتے ہیں کہ کہو کب منا رہے ہو ہمیں

سارے الزام بیک وقت لگا دو ہم پر
ایک ایک کر کے بھلا کیوں گنا رہے ہو ہمیں

بھوک سے چُور جو پوچھا کہ کیا ہے کھانے کو
بولتے ہیں کہ کہو کیا کھلا رہے ہو ہمیں

میچ کرکٹ کا دیکھنے دو ذرا چین کے ساتھ
چائے باقی ہے ابھی کیوں اٹھا رہے ہو ہمیں

مصوّر

سچ

تمام عمر اسی چاہ میں گزری اپنی
جو سامنا ہو تو بولیں کہ آشنا ہوں میں

کسی کو دید ملی اسکی کسی کو داد ملی
ہمیں جو دیکھا تو بولے کہ دل جلا ہوں میں

چڑھتے سورج کو کہاں ہوش ان اندھیروں کا
کیوں میں طوفاں کو بتاؤں کہ ڈوبتا ہوں میں

جان دیتے ہیں شب و روز کئی پروانے
کیسے شمع کو بتاؤں کہ جل رہا ہوں میں

پیار میں جس کے سنگسار کیا ہے مجھ کو
اسی کے ہاتھ میں پتھر ہے دیکھتا ہوں میں

زبان جو کاٹی تو یہ ہاتھ بھی کاٹے ہوتے
میں لکھوں گا تو سچ لکھوں گا سر پھرا ہوں میں

مصوّر

دِل کا عالم

جو مجھ سے روٹھ کر بھی روح شناس رہتا ہے

نظر سے دور سہی دل کے پاس رہتا ہے

میں اپنی آنکھ کے آنسوا سے دکھاؤں تو کیا

اسی کے پاس تو دل کا حساب رہتا ہے

مصوّر

دِل نہیں لگتا

ہم شناسوں میں دل نہیں لگتا

ان جنابوں میں دل نہیں لگتا

اے میرے دل نیا نصاب بنا

اب کتابوں میں دل نہیں لگتا

مصوّر

سالگرہ

سارے اعضاء میں ہو گیا جھگڑا

کون کتنے کا ہو گیا اس بار

دل ہوا ہے جوان پچیس کا

روح پچیس کی ہوئی پچیس بار

میری آنکھیں ہزار سال کی ہیں

داستانیں ہیں ان میں بے شمار

میری چھاتی ہے اب بیالیس کی

آرم سولہ کے ہو گئے اس بار

اس جواں جسم پہ ہے بوڑھا دماغ

جس میں صدیوں کے ہیں کئی افکار

میرے سپنے ہیں آج بھی بچے

آج بھی ہے مگر نیا سا خمار

جوش پہ آیا عقل کا اقرار

برتھ ڈے ہو گئی ہے چالیس بار

مصوّر

سفر

تیرے ساتھ میں جو سفر کیا

تو بڑا ہی میں نے سفر (Suffer) کیا

کبھی ڈانٹ کھا کے میں چپ رہا

کبھی لات کھا کے صبر کیا

کبھی کو با کو کبھی جا بجا

تیری کجھر وِش نے مکر کیا

ہر مال کی ہر شاپ میں

تو نے کارڈز یروز بر کیا

تجھے نیند آئی جو لمحہ بھر

میں نے ہاتھ اٹھا کر شکر کیا

مصوّر

پاکستان

تیراپاکستان ہے نہ میراپاکستان ہے
جس پر دل قربان جس پر جان بھی قربان ہے
اس کی بنیادوں میں ہے تیرالہو میرالہو
اب مگر بس راج اس پر فوج کا فرمان ہے
جس نے لوٹا اربوں روپیہ قوم کو دھوکہ دیا
ان شریفوں کے یہاں ایمان کا فقدان ہے
یہ میرے قائد کی محنت کا کوئی اپمان ہے
حضرت اقبال کے سپنوں کا یہ شمشان ہے
ملک سے بھاگا ہے وہ صحت کا رونا پیٹ کر
واپسی کا ان شریفوں کا نہیں امکان ہے
اپنے دھرنے سے ہوئے بے بس تو مولانا جھکے
دین کو بھی لوٹ کھایا کیا یہی ایمان ہے
زلزلہ ہے شور ہے دھرنوں کا ایک طوفان ہے
چوروں کی ٹولی سے جو ٹکرا گیا عمران ہے

مصوّر

عشقِ حقیقی

وہ جس کے پاس سے ملتا ہے سبھی کو سب کچھ
میں اپنا آپ وہیں پر لٹا کے لوٹ آیا

بڑا غرور رہے کہ ہے علوم دیں کا فقیہ
میں گہری نیند سے اسکو جگا کے لوٹ آیا

گیا تھا ڈھونڈنے تجھ کو جگہ جگہ لیکن
میں اپنی آنکھ کا پردہ گرا کے لوٹ آیا

جہاد کرنے گیا تھا میں دشمنِ جان سے
میں اپنے آپ کو خود سے لڑا کے لوٹ آیا

مصوّر

محبوب

کوئی وقت نہیں

کوئی تو دل کے مسیحا کو ڈھونڈ کر لاؤ
اب میری جان نکلنے میں کوئی وقت نہیں

آخری وار ذرا سوچ کر کرنا ظالم
میرے قدموں کو سنبھلنے میں کوئی وقت نہیں

زندہ رہنے کے لیے چاہیے امید کوئی
اب تو خوابوں کے بکھرنے میں کوئی وقت نہیں

اور کچھ دیر کی مشکل ہے نیازی تجھ پر
میرے گلشن کے نکھرنے میں کوئی وقت نہیں

مصوّر

بُت پرستی

سامنے اس کے گمشدہ ہی رہے
خود کو پھر کس لیے سواریں گے
کیا خبر تھی یہ بُت ہے پتھر کا
اب کسی اور کو پکاریں گے

مصوّر

جستجو

جواب تھا تو سوالوں کی آرزو نہ رہی
جمال تھا تو چراغوں میں روشنی نہ رہی
تمام عمر تیری دید کو ترستے رہے
نقاب اٹھا تو نگاہوں میں تشنگی نہ رہی

مصوّر

رشتے

ہم نے احباب کے اخلاق بدلتے دیکھے
ہم نے قسمت کے خدوخال بدلتے دیکھے
دیکھ آئے ہیں بدلتے ہوئے رشتے وعدے
ہم نے فرعون کے دن رات بدلتے دیکھے

مصوّر

خُمار

شرابِ دل کا ابھی تک خمار باقی ہے
ابھی تو پیار رہوا ہے اظہار باقی ہے
وہ جس کو زیست کا حاصل سمجھ لیا تم نے
وہ زندگی کی خزاں تھی بہار باقی ہے

مصوّر

شاید

یہ زندگی میری ایک قرض ہے کوئی شاید

یہ عاشقی میری ایک مرض ہے کوئی شاید

ہوئی جو صبح تو اندھیروں کا خوف ہے کیسا

نہ بندگی میری ایک فرض ہے کوئی شاید

مصوّر

ایک اور شبِ ہجر

بند گھڑیوں کی طرح یہ رات بھی خاموش ہے

رنج تو ہے کوئی دل میں تو جو سویا بھی نہیں

ساتھ چلتے جا رہے ہیں اب تو دشمن بھی میرے

ڈھونڈتا ہوں میں اُسے جو میں نے کھویا بھی نہیں

لکھ دیا ہے رازمیں نے اپنے ہر ایک اشک پر

نام نہ آ جائے تیرا میں تو رویا بھی نہیں

مصوّر

بے خودی

ہم جسے عاشقی سمجھتے ہیں

وہ اسے دل لگی سمجھتے ہیں

ہم نے سوچا یہ مسکراہٹ ہے

وہ اسے ایک ہنسی سمجھتے ہیں

توڑتے ہیں ہمارا دل ہر روز

اور اسے دوستی سمجھتے ہیں

ہم کو یہ بے رخی قبول مگر

کیوں ہمیں اجنبی سمجھتے ہیں

لوگ کہتے ہیں عشق ہے وحشت

ہم اسے زندگی سمجھتے ہیں

عشق میں ہم نے سی لئے ہیں لب

وہ اسے بے بسی سمجھتے ہیں

وہ سمجھتے نہیں مصوّر کو

نہ وہ یہ بے خودی سمجھتے ہیں

مصوّر

دعوت

غم کی آندھی دکھوں کا سایا ہے
تم میرے دل میں آن کر دیکھو
مجھ سے کیوں مانگتے ہو عہدِ وفا
میری آنکھوں میں جھانک کر دیکھو
تم پہ خود کو لُٹا دیا ہوتا
ہم سے ایک بار مانگ کر دیکھو
روٹھ کر ہم سے تم بھی خوش تو نہیں
اب ذرا ہم سے مان کر دیکھو
ہم بھی اتنے برُے نہیں جاناں
ہم کو ایک بار جان کر دیکھو

مصوّر

قبولیت

گھپ اندھیروں سے گفتگو کر کے
چاند تاروں سے دوستی کی ہے
چڑھتے سورج پہ داب کر نظریں
اس کی کرنوں سے دل لگی کی ہے
ان اندھیروں کا کچھ قصور نہیں
صاحب غلطی تو روشنی کی ہے
آج کانٹوں سے باندھ کر رشتہ
ہم نے کلیوں سے بے رخی کی ہے
موت کو کر رہے ہو کیوں بدنام
ساری تکلیف زندگی کی ہے
اس کو دیکھا ہے نہ سنا ہے کبھی
ٹوٹ کر جس سے عاشقی کی ہے

مصوّر

حالاتِ حاظرہ

دل ہے کے اس کے بعد دھڑ کتا بھی نہیں ہے
اب اور کوئی آنکھ کو جچتا بھی نہیں ہے
قسمت کی بات ہے کے اکیلا ہی رہا ہوں
رشتوں کا بوجھ مجھ سے سنبھلتا بھی نہیں ہے
تاریکیوں میں ڈوب رہا ہے ہر ایک خواب
سورج ہمارے دل میں اُترتا بھی نہیں ہے
مانا کے خان صاحب سے شکوے ہیں دس ہزار
اوروں سے مگر ملک یہ چلتا بھی نہیں ہے
کووڈ کی نظر ہوگئی دودن کی یہ بہار
اور فورڈ لاک ڈاؤن اُٹھاتا بھی نہیں ہے
ہر شخص لئے بیٹھا ہے کاندھے پہ اپنا دل
پھر ہم سے یہ گلہ کے مناتا بھی نہیں ہے
غزہ میں مسلمان مریں تم کو مگر کیا

محبوب

تم کو تو کوئی شخص ستاتا بھی نہیں ہے
میں اس کو مسلمان تصوّر نہیں کرتا
امّت کے لئے آج جو لڑتا بھی نہیں ہے
زندوں میں کیا شمار کرے اس کو مصور
جاگا نہیں ہے اور جو جگاتا بھی نہیں ہے

مصوّر

رات کا راز

بات ہے کوئی جو بیٹھے چپ ہو
درد ہے کوئی بھیگی آنکھوں میں
روئی ہے رات بھر شمع سن کر
راز ہے کوئی تیری راتوں میں
میری قسمت میں ساتھ اتنا تھا
موت آئی ہے تیرے ہاتھوں میں

مصوّر

ایک پیار کی کہانی

پیار ہم کو بھی ان سے ہوا تھا مگر
ہم نے جانا نہیں اس نے مانا نہیں
جن گلیوں میں اپنے فسانے بنے
اب وہاں پر میرا آنا جانا نہیں
ہم بھی ضد پر اڑے ہیں بتا دو اُسے
اس نے آنا نہیں ہم نے جانا نہیں
تم بھی ہم پر مرو گی اسی کی طرح
ہم نے مانا صباح ہو شبانہ نہیں
لٹ گئے پِٹ گئے ہم تیرے پیار میں
دیکھ ہم کو تو اب آزمانا نہیں

مصوّر

ابھی جانے دو

ملک بننے میں سنورنے میں لگے گا کچھ وقت
دن لگیں گے ابھی دو چار ابھی جانے دو

ان شریفوں کی شرافت کے کئی ہیں قصّے
پھر پکڑ لیں گے میرے یار ابھی جانے دو

چمن میں ہے جو یہ لالی ہمارے خون سے ہے
ہم ہی کو کہتے ہو غدّار ابھی جانے دو

ملک مشکل میں ہے سب چھوڑو چلو کام کریں
پھر کریں گے کبھی تکرار ابھی جانے دو

ہم سمندر کو سلا دیتے ہیں تھپکی دے کر
ہم پہ نہ تانو یہ تلوار ابھی جانے دو

ہم سے کرتے ہو گلا کل کے حوالے دے کر
تم پڑھو آج کا اخبار ابھی جانے دو

مصوّر

محبوب

نہیں لکھنے والا

اپنے افکار کو لفظوں میں پرو دیتا ہوں
بادشاہوں کے قصیدے نہیں لکھنے والا

علم وہ ہے جو نگاہوں سے اُٹھا دے پردہ
دیکھ میں جھوٹے صحیفے نہیں لکھنے والا

پوچھتے ہیں وہ میرے چاک گریباں کا سبب
میں تیرے ہجر کے قصّے نہیں لکھنے والا

کاتبِ وقت ہوں ظلمت کا سبب لکھتا ہوں
آپ شاہوں کے فضیتے نہیں لکھنے والا

مصوّر

نہیں دیکھے جاتے

تو گیا جب سے تو طوفان میں گھر ڈھونڈ لیا
تیرے بغیر کنارے نہیں دیکھے جاتے

اس مسافت میں ہر ایک درد سہا ہے میں نے
یہ تیرے پاؤں کے چھالے نہیں دیکھے جاتے

جانتا تھا کے رشتہ ہے اجنبی سے تیرا
پر یہ آنکھوں کے اشارے نہیں دیکھے جاتے

لوٹ آیا ہوں میں جنّت سے بہانہ کر کے
روز یہ شوخ نظارے نہیں دیکھے جاتے

تم ابھی آئے ہو بیٹھو ذرا جلدی کیا ہے
اب اکیلے تو ستارے نہیں دیکھے جاتے

ہاتھ اٹھا کر کے مسیحا نے کہا بس بھی کرو
مجھ سے اب درد کے مارے نہیں دیکھے جاتے

مصوّر

دریائے سین، پیرس

یہ دریا بھی میرے دل کی طرح ویران رہتا ہے

یہاں مچھلی نہیں رہتی یہ بس سنسان رہتا ہے

مگر مردار دریا میں غضب کا شور رہتا ہے

جہاں پر کچھ نہیں رہتا وہاں پھر کون رہتا ہے

یہاں کی رات کالی ہے بھری رہتی ہے رنگوں سے

یہ دریا سب کی سنتا ہے مگر انجان رہتا ہے

دبی نظروں سے دریا کے کنارے وہ جو بیٹھی ہے

ابھی وہ لوٹ آئے گا اسے ارمان رہتا ہے

یہ دریا مجھ سے کہتا ہے کہ میں بھی تیرے جیسا ہوں

اکیلا تو بھی ہے پیارے تیرا بھی کون رہتا ہے

مصوّر

لیتا جا

بن تیرے کام کیا ہے خوشبو سے

جاتے جاتے بہار لیتا جا

اب نہ سر ہے نہ تال ہے کوئی

تو میرے دل کے تار لیتا جا

کیا شبِ ہجر کا بیان کریں

عشق زار و قطار لیتا جا

تیری یادوں کے ساتھ جی لیں گے

دیکھ تو اپنا پیار لیتا جا

مصوّر

گورکھ دھندا

تجھ کو چاہوں تو کیسے چاہوں میں

میں یہ پردہ ہٹا نہیں سکتا

دل میں ایک شور ہے سوالوں کا

میں کسی کو بتا نہیں سکتا

پاس ہے تو تو دوریاں کیسی

خود کو تو کیوں دکھا نہیں سکتا

چھو نہیں سکتا سُن نہیں سکتا

تجھ کو یوں ہی ستا نہیں سکتا

تجھ سے رشتہ عجیب ہے میرا

چاہ کر بھی نبھا نہیں سکتا

مصوّر

یادیں

آنکھ سے دور سہی دل میں اُتر جاتے ہیں
روز جیتے ہیں تیری یاد میں مرجاتے ہیں
ان ہواؤں سے ذرا خود کو بچا کر رکھنا
پھول سے خواب ہیں آنکھوں میں بکھر جاتے ہیں

مصوّر

جھوٹے خدا

ہم اپنے آپ سے رشتہ نیا بنالیں گے
خود ہی سے روٹھ پڑیں گے، خود ہی منالیں گے
تمام جھوٹے خُداؤں سے توڑ کر ناطہ
ہم اپنے آپ کو اپنا خُدا بنالیں گے

مصوّر

اگر سچ کہوں

غیر سے جوڑ لیا ہے رشتہ

یہ میرا حق ہے کچھ گناہ تو نہیں

اپنے قاتل کو ذرا دیکھ تو لے

وہ کوئی تیرا آشنا تو نہیں

ٹوٹا ہے گھمنڈ جو تیرا

یہ غریبوں کی بد دعا تو نہیں

گن رہا ہے برائیاں جس میں

غور سے دیکھ، آئینہ تو نہیں

کس طرح میں تجھے سزا دے دوں

میں بھی مجرم ہوں بے گناہ تو نہیں

تجھ پہ لکھتا ہوں مٹا دیتا ہوں

با ادب ہوں میں بے وفا تو نہیں

مصوّر

اُن سے رشتہ

اُن سے ملنا اور ہے نظریں ملانا اور ہے
اپنی دھن میں مست ہو کر گنگنانا اور ہے
اب کہاں ملتا کسی سسّی کو پنّوں سے سکون
آپ کے دن اور تھے میرا زمانہ اور ہے
اتنا خود پر ناز نہ کر دن ہی ہے ڈھل جائے گا
اس کی مہلت اور اس کا آزمانا اور ہے
چار دن کے آشنا ہو خود کو عاشق نہ کہو
دل لگی اپنی جگہ دل کا لگانا اور ہے
جو بھی منزل کی طرف ہو رہبر نہ مانیے
ساتھ چلنا اور ہے رستہ نبھانا اور ہے
اس سے یوں ہی بے سبب ناراض ہو جاتا ہوں میں
اس کا آنا اور ہے اس کا منانا اور ہے
یوں مصوّر بزم رنداں میں ہو ممکن ہی نہیں
تیرا کہنا ایک طرف اسکا بلانا اور ہے

مصوّر

محبوب

زندگی کی حقیقت

اس کی آنکھیں بتا رہی تھیں مجھے

کون سا خواب بک رہا تھا وہاں

کس طرح تم نے پھیر لیں نظریں

میں تو ہر موڑ پر دِکھا تھا وہاں

جو بھی کہنا ہے بس ابھی کہہ دو

آج ہے آج دکھ رہا تھا وہاں

یہ ہی جنّت ہے یہ ہی دوزخ ہے

ٹوٹی قبروں پہ یہ لکھا تھا وہاں

مصوّر

اُن سے شکایت

ہم کو جینے کی آرزو ہی نہیں

موت کا خوف کیوں دلاتے ہو

تم کو جانا ہے کل چلے جانا

آج ہی کیوں ہمیں رُلاتے ہو

کچھ بدلنا ہے تو تلوار اُٹھا

بات سے بات کیوں بناتے ہو

جانے کب آخری دوا بن جاؤں

اپنی قسمت کیوں آزماتے ہو

تم تو رہتے ہو میرے خوابوں میں

پھر مجھے کس لئے جگاتے ہو

مصوّر

بُھلا دیا ہم کو

وہ جو تھا میرے شہر کا منصف

اس نے چونا لگا دیا ہم کو

آپ کی یاد میں ہی تھے زندہ

آپ نے بھی، بھلا دیا ہم کو

کس کو جا کر دھرو گے تم الزام

ہم نے تو خود مٹا دیا ہم کو

ہم نے مانگا تھا ساتھ پل بھر کا

اُس نے شاعر بنا دیا ہم کو

موت یہ آخری جفا ہے تیری

زندگی نے بتا دیا ہم کو

مصوّر

دوست

ایسا بھی وقت آئے گا سوچا کبھی نہ تھا
تو دل سے اُتر جائے گا سوچا کبھی نہ تھا
میں دشمنوں کی لسٹ پر کھتا تھا بار بار
تیرا بھی نام آئے گا سوچا کبھی نہ تھا
جس کی خوشی کے واسطے برباد ہو گئے
وہ ہی ہمیں رُلائے گا سوچا کبھی نہ تھا
ایک شخص تھا جو ظلم کے آگے ڈٹا رہا
وہ جیل میں پچھتائے گا سوچا کبھی نہ تھا
اس دور کا فروں ہے خاکی لباس میں
موسیٰ بھی ہار جائے گا سوچا کبھی نہ تھا

مصوّر

یار

جب اس کو سوچا تو ہر جگہ ہے

جو دیکھا اسکو کہیں نہیں ہے

وہ جس کو آنکھیں تلاشتی ہیں

وہ بس یہیں ہے، یہیں کہیں ہے

وہ جو کہ اوّل، ہے وہ ہی آخر

وہ ہر جگہ ہے وہ ہر کہیں ہے

جو دِکھ رہا ہے جھلک ہے اس کی

جو نہ دکھے وہ بھی تو وہی ہے

یہ میرا تیرا حجاب کیوں ہے

کیا میرے دل کی قدر نہیں ہے

وہ جس میں دیدارِ یار نہ ہو

وہ درحقیقت نظر نہیں ہے

وہ جو ہے اتنا قریب دل کے

محبوب

وہ دل رُبا ہے وہ مہ جبیں ہے
یوں اپنے دل کو منار ہا ہوں
یہاں نہیں تو کہیں نہیں ہے
نہ ہوگا اب انتظار مجھ سے
جو اَب نہیں تو کبھی نہیں ہے

مصوّر

پیسہ کا یار

ایسا بھی نہیں ہے کوئی ویسا بھی نہیں ہے
کہتے ہیں وہ کوئی میرے جیسا بھی نہیں ہے
ایک کام کریں آپ مجھے چھوڑ ہی ڈالیں
اب جیب میں میرے کوئی پیسہ بھی نہیں ہے

مصوّر

چھوڑ دیا

وہ اپنے عہد سے پھر جائے ٹھیک اس سے قبل

بھنور میں ہم جو گرے اسکا ہاتھ چھوڑ دیا

جو آج اہلِ وفا ہیں تو بس اسی حد تک

چلے دو چار قدم اور ساتھ چھوڑ دیا

نبھا نہ پاتے تھے وعدہ وفا کا تیرے بعد

یہ دل کا روگ تھا سو تیرے بعد چھوڑ دیا

بچھڑ کے ہم سے وہ خوش ہے پتا چلا تھا مجھے

سو اس سے رابطہ پھر اس کے بعد چھوڑ دیا

مصوّر

قصاص

نہ روکو ہاتھ کو ظالم ابھی بھی سانس باقی ہے
ہماری آنکھ مے اب بھی بہت سے راز باقی ہیں
لگایا ہے سلگتے دل نے پھر سے نعرئے حیدری
علی کو مارنے والو، ابھی قصاص باقی ہے

مصوّر

پیار کرتا ہوں

زمانے بھر سے کیا ڈرنا جو تم سے پیار کرتا ہوں
گناہِ عشق کر بیٹھا ہوں یہ اقرار کرتا ہوں
ہمیں آتا نہیں لوگوں سے چھپ کر یار سے ملنا
اگر یہ جرم ہے تو لو سرِ بازار کرتا ہوں
ابھی دو چار دن کی دوریاں ہیں تم نہ گھبرانا
چلو اِس ہجرِ جاناں کو ابھی دو چار کرتا ہوں
یہ جو دو چار دن کی زندگی ہے واردی تجھ پر
تمہارے واسطے لو یہ دل بیکار کرتا ہوں

مصوّر

حج

آئے تھے ہم حج پہ میں زیادہ نہیں کہتا

کہتا ہوں مگر حد سے زیادہ نہیں کہتا

سورج کی دھوپ تپتی سڑک دور کا سفر

بیمار اس قدر تھے کے آدھا نہیں کہتا

پھر دھوپ کی شدّت سے مارے جاتے تھے حاجی

اور کیا تھا انتظام ادا، جا نہیں کہتا

حاجی نے کہا مجھ سے یوں ماروں گا میں پتھر

مر جائے گا ایک وار میں وعدہ نہیں کرتا

پتھر کی ایک دیوار ملی وہ نہیں ملا

اور خود میں ڈھونڈنے کا ارادہ نہیں کرتا

مصوّر

کچھ نہیں رکھا

ساتھ چلنا ہے تو پھر ساتھ نبھا

تیری باتوں میں کچھ نہیں رکھا

علم ملتا ہے غلطیاں کر کے

ان کتابوں میں کچھ نہیں رکھا

یہ نہ ہو ہم تجھے بھلا ڈالیں

اب تو یادوں میں کچھ نہیں رکھا

جب کے عالم ہی بے عمل ہوں سبھی

پھر خطابوں میں کچھ نہیں رکھا

اس کے خاطر میں جن سے ملتا تھا

ان جنابوں میں کچھ نہیں رکھا

ہم تو دن میں خدا کو ڈھونڈیں گے

طاق راتوں میں کچھ نہیں رکھا

مصوّر

چھوڑ دیتے ہیں

چلو کچھ ایسا کرتے ہیں محبت چھوڑ دیتے ہیں
سخاوت پاس رکھتے ہیں منافع چھوڑ دیتے ہیں

جہاں انصاف کے منصف خود ہی سالارِ اعظم ہوں
وہاں تلوار اٹھاتے ہیں تقاضا چھوڑ دیتے ہیں

یہاں سب بے وفا ہیں اپنے دل کو ہاتھ میں رکھنا
یہاں تھوڑے منافع پر شناسا چھوڑ دیتے ہیں

وہ جنت جس کو خوں سے سینچ کر ہم نے بنایا تھا
وہیں پر ہم مہاجر ہیں لہٰذا چھوڑ دیتے ہیں

مصوّر

I0374195

www.ingramcontent.com/pod-product-compliance
Lightning Source LLC
Chambersburg PA
CBHW081624100526
44590CB00021B/3584
9781836633129